Ulrich Renz · Barbara Brinkmann

Dors bien, petit loup

Lala salama,
mbwa mwitu mdogo

Traduction:

Céleste Lottigier (français)

George Aclay Makasi (swahili)

Livre audio et vidéo :

www.sefa-bilingual.com/bonus

Accès gratuit avec le mot de passe:

français: **LWFR1527**

swahili: **LWSW2832**

wa-zuri	w-ema	wa-	wa	wangu	-o	upi	
m-zuri	mw-ema	u-	wa		-yo	ipi	minga
mi-zuri	my-ema	i-	ya	yangu			
zuri	jema	li-	la	langu	-lo	lipi	
mazuri	mema	ya-	ya	yangu	-yo	yapi	mang
kizuri	chema	ki-	cha	changu	-cho	kipi	
vizuri	vyema	vi-	vya	vyangu	-vyo	vipi***	vinga
nzuri	nyema	i-	ya	yangu	-yo	ipi	
nzuri	nyema	zi-	za	zangu	-zo	zipi	ngap
mzuri	mwema	u-	wa	wangu	-o	upi	
mzuri	mwema	u-	wa	wangu	-o	upi	
kuzuri	kwema	ku-	kwa	kwangu	-ko	kupi	kunp
pazuri	pema	pa-	pa	pangu	-po	wapi****	pan
			kwa	kwangu	-ko	kupi	kun

Les apprenants du swahili …

… trouveront en annexe des tableaux grammaticaux utiles.

Amusez-vous bien avec cette merveilleuse langue !

Bonne nuit, Tim ! On continuera à chercher demain.
Dors bien maintenant !

Usiku mwema, Tim! Tutaendelea kutafuta tena kesho.
Sasa lala salama!

Dehors, il fait déjà nuit.

Kwa sasa usiku umeingia.

Mais que fait Tim là ?

Tim anafanya nini pale?

Il va dehors, à l'aire de jeu.

Qu'est-ce qu'il y cherche ?

Anaondoka kwenda kiwanjani kucheza.

Anatafuta nini pale?

Le petit loup !

Sans lui, il ne peut pas dormir.

Mbwa mwitu mdogo!

Hawezi kulala bila yeye.

Mais qui arrive là ?

Sasa anakuja nani?

Marie ! Elle cherche son ballon.

Marie! Anatafuta mpira wake.

Et Tobi, qu'est-ce qu'il cherche ?

Na Tobi, naye anatafuta nini?

Sa pelleteuse.

Mashine yake inayochimbua.

Et Nala, qu'est-ce qu'elle cherche ?

Naye Nala, anatafuta kitu gani?

Sa poupée.

Mwanasesere wake.

Les enfants ne doivent-ils pas aller au lit ?
Le chat est très surpris.

Hivi watoto hawahitaji kwenda kulala sasa?
Paka anashangazwa sana.

Qui vient donc là ?

Nani anayekuja sasa?

Le papa et la maman de Tim !
Sans leur Tim, ils ne peuvent pas dormir.

Ni mama na baba yake Tim.
Hawawezi kulala bila Tim wao.

Et en voilà encore d'autres qui arrivent !

Le papa de Marie. Le papi de Tobi. Et la maman de Nala.

Wengine wanaendelea kuja! Baba wa Marie.

Babu wa Tobi. Na mama yake Nala.

Vite au lit maintenant !

Sasa haraka mkalale!

Bonne nuit, Tim !

Demain nous n'aurons plus besoin de chercher.

Usiku mwema, Tim!

Hatutahitaji kutafuta tena zaidi.

Dors bien, petit loup !

Lala salama, mbwa mwitu mdogo!

Les auteurs

Ulrich Renz est né en 1960 à Stuttgart (Allemagne). Après des études de littérature française à Paris, il fait ses études de médecine à Lübeck, puis dirige une maison d'édition scientifique et médicale. Aujourd'hui, Renz écrit des essais et des livres pour enfants et adolescents.

www.ulrichrenz.de

Barbara Brinkmann est née à Munich en 1969 et a grandi dans les contreforts bavarois des Alpes. Elle a étudié l'architecture à Munich et est actuellement associée de recherche à la Faculté d'architecture de l'Université technique de Munich. En outre, elle travaille en tant que graphiste, illustratrice et écrivaine indépendante.

www.bcbrinkmann.de

Tu aimes dessiner ?

Voici les images de l'histoire à colorier :

www.sefa-bilingual.com/coloring

Amuse-toi bien !

Les cygnes sauvages

D'après un conte de fées
de Hans Christian
Andersen

▶ Âge de lecture : 4-5 ans
et plus

„ Les cygnes sauvages », de Hans Christian Andersen, n'est pas pour rien un des contes de fées les plus populaires du monde entier. Dans un style intemporel, il aborde les thématiques du drame humain : peur, courage, amour, trahison, séparation et retrouvailles.

Disponible dans vos langues?

▶ Consultez notre „Assistant Langues" :

www.sefa-bilingual.com/languages

Mon plus beau rêve

▶ Âge de lecture : 2-3 ans et plus

Lulu ne peut pas s'endormir. Toutes ses peluches sont déjà en train de rêver – le requin, l'éléphant, la petite souris, le dragon, le kangourou et le bébé lion. Même Nounours a du mal à garder ses yeux ouverts …
Eh Nounours, tu m'emmènes dans ton rêve ?
C'est ainsi que Lulu part en voyage qui l'emmène à travers les rêves de ses peluches – et finalement dans son propre rêve, le plus beau rêve.

Disponible dans vos langues?

▶ Consultez notre „Assistant Langues" :

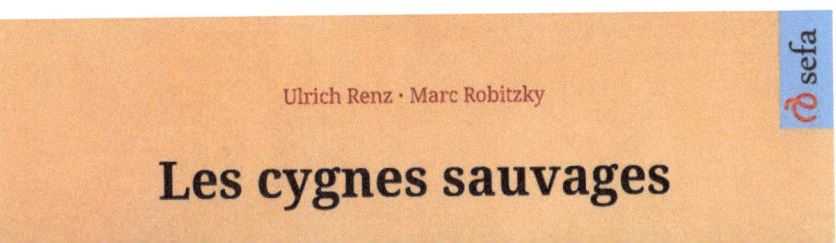

Ulrich Renz · Marc Robitzky

Les cygnes sauvages

Swahili Noun Class Table (I)

Bantu Noun Class	Person		Subject prefix	Subject prefix negative	Subject / Object Prefix	Possessive pronoun ("my", "your" ...)	"all"
1	1st sing.	mimi	ni	si	ni	-angu	—
1	2nd sing.	wewe	u	hu	ku	-ako	—
1	3rd sing.	yeye	a	ha	m	-ake	—
2	1st plur.	sisi	tu	hatu	tu	-etu	(sisi) sote
2	2nd plur.	nyinyi, ninyi	m	ham	wa / -eni*	-enu	(nyinyi) nyote
2	3rd plur.	wao	wa	hawa	wa	-ao	(wao) wote

* Because -wa is also the object prefix of the 3rd person plural, the suffix -eni is frequently appended for disambiguation

Swahili Noun Class Table (II)

Bantu Noun Class	Class Descriptor	Noun (Example)	Adjective (-zuri)	Adjective (-ema)	Subject / Object Prefix	Genitive preposition (-a)	Possessive -angu -ako -ake -etu -enu -ao	Relative morpheme	-pi? (Which?)	-ngapi? (How many?)
1	m-wa	m-toto	m-zuri	mw-ema	a-/yu-*	wa	wangu	-ye	yupi	/
2	m-wa	wa-toto	wa-zuri	w-ema	wa-	wa	wangu	-o	wepi**	wangapi
3	m-mi	m-ti	m-zuri	mw-ema	u-	wa	wangu	-o	upi	/
4	m-mi	mi-ti	mi-zuri	my-ema	i-	ya	yangu	-yo	ipi	mingapi
5	(ji)-ma	jina	zuri	jema	li-	la	langu	-lo	lipi	/
6	(ji)-ma	ma-jina	mazuri	mema	ya-	ya	yangu	-yo	yapi	mangapi
7	ki-vi	kitabu	kizuri	chema	ki-	cha	changu	-cho	kipi	/
8	ki-vi	vitabu	vizuri	vyema	vi-	vya	vyangu	-vyo	vipi***	vingapi
9	n	habari	nzuri	nyema	i-	ya	yangu	-yo	ipi	/
10	n	habari	nzuri	nyema	zi-	za	zangu	-zo	zipi	ngapi
11	u (concrete)	usiku	mzuri	mwema	u-	wa	wangu	-o	upi	/
14	u (abstract)	umoja	mzuri	mwema	u-	wa	wangu	-o	upi	/
15	ku	kusoma	kuzuri	kwema	ku-	kwa	kwangu	-ko	kupi	kungapi
16	pa	mezani	pazuri	pema	pa-	pa	pangu	-po	wapi****	pangapi
17	ku	mezani	kuzuri	kwema	ku-	kwa	kwangu	-ko	kupi	kungapi
18	mu	mezani	mzuri	mwema	m(u)-	mwa	mwangu	-mo	mpi	mngapi

*   e.g., yu- can be seen in the locatives (yupo, yuko, yumo) or
       demonstratives (huyu, yule). The negative form of yu- is formed regularly (ha-).

**   The irregular form *wepi* is used to avoid clashes with the word *wapi* meaning "where".

***   "vipi" is also used as an adverb meaning "how"

****   occasionally: papi

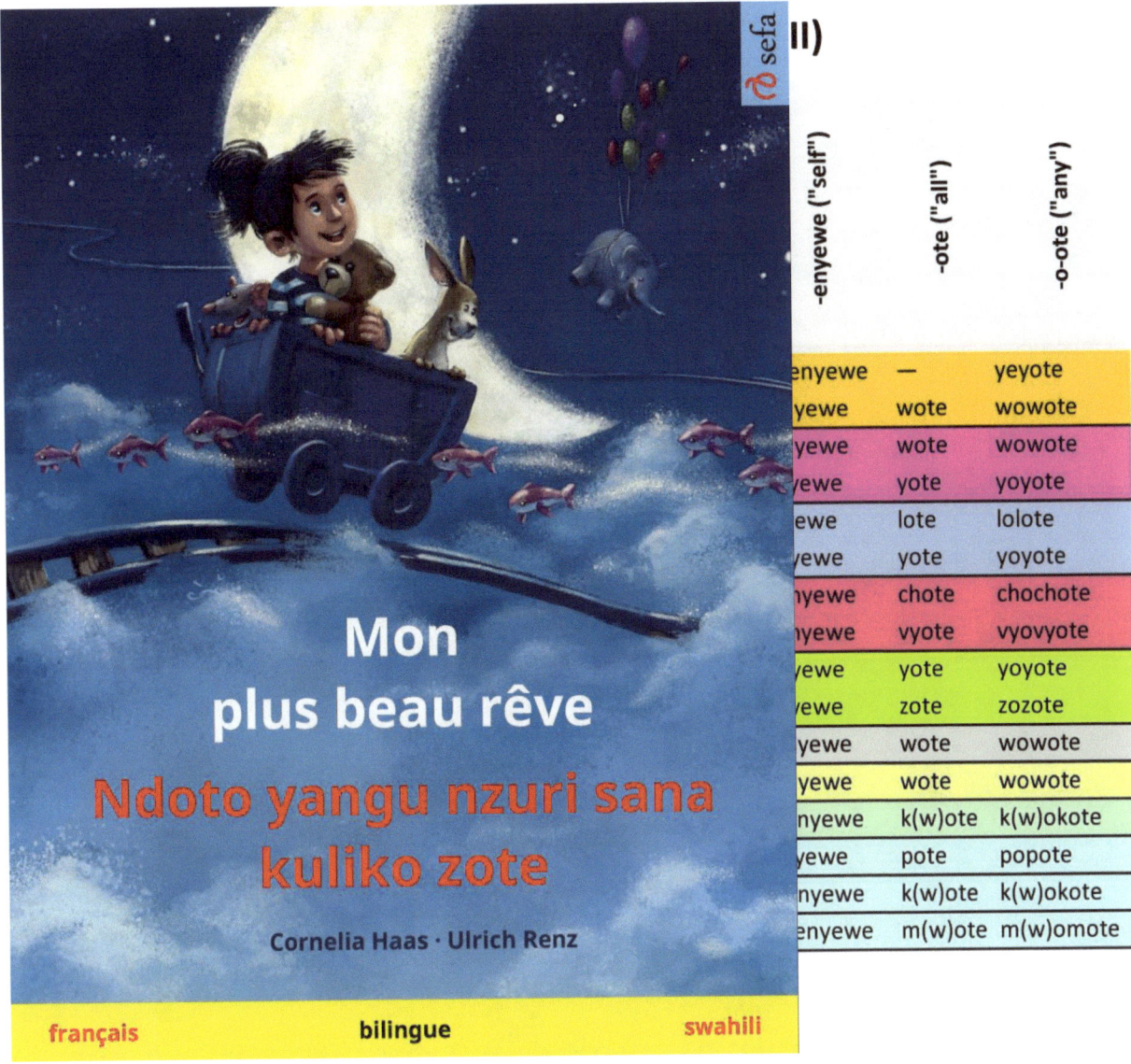

Mon
plus beau rêve

Ndoto yangu nzuri sana
kuliko zote

Cornelia Haas · Ulrich Renz

français   bilingue   swahili

	-enyewe ("self")	-ote ("all")	-o-ote ("any")
	enyewe	—	yeyote
	yewe	wote	wowote
	yewe	wote	wowote
	yewe	yote	yoyote
	ewe	lote	lolote
	yewe	yote	yoyote
	nyewe	chote	chochote
	nyewe	vyote	vyovyote
	yewe	yote	yoyote
	yewe	zote	zozote
	yewe	wote	wowote
	yewe	wote	wowote
	nyewe	k(w)ote	k(w)okote
	yewe	pote	popote
	nyewe	k(w)ote	k(w)okote
	enyewe	m(w)ote	m(w)omote

Swahili - Order of morphemes ("infixes")

Example (all slots filled):
"nilipokupikia" - "when I cooked for you"

1	**S**	Subject prefix
2	**T**	Tense prefix
3	**R**	Relative prefix
4	**O**	Object prefix
5	**V**	Verb stem
6	**E**	Extension (inflectional suffixes *-i* and *-e*)

S	T	R	O	V	E
ni-	-li-	-po-	-ku-	-pik(a)*	-i(a)*
"I"	"in the past"	"when"	"you"	"cook"	"for"

Example (not all slots filled):
"ninakupenda" - "I love you"

S	T	R	O	V	E
ni-	-na-	—	-ku-	-pend(a)*	—
"I"	"in the present"	—	"you"	"love"	—

* This "(a)" appears when this is the final element of the word and is otherwise dropped.

Special thanks for his IT support to our son, Paul Bödeker, Freiburg, Germany

ISBN: 9783739906324

www.ingramcontent.com/pod-product-compliance
Lightning Source LLC
Chambersburg PA
CBHW041440120626
46547CB00002B/279